Voyages de rêve pour endormir les enfants

Les plus belles histoires à raconter avant de s'endormir sous forme de voyages imaginaires

Maria Neumann

CONTENU

Comment cela fonctionne

Le stress et l'agitation sont à l'ordre du jour pour beaucoup d'entre nous. Nous, les adultes, mais aussi nos enfants, sommes de plus en plus souvent stressés. Afin de réduire ce stress, de reprendre des forces et d'éviter que le quotidien n'emporte les enfants dans leur sommeil le soir, ce livre contient 13 voyages de rêve pour enfants. L'accent est mis sur les oursons à miel, que votre enfant rencontre dans la première histoire. Avec leur aide, le voyageur est guidé à travers différents thèmes et mondes dans les histoires suivantes. En lisant ces histoires riches en images, votre enfant développe son imagination et sa créativité. De plus, le voyageur se calme, se détend et est encouragé à rêver.

PRÉPARATION

Installez votre enfant confortablement. Une pièce sombre et une position allongée l'aideront particulièrement à suivre le voyage onirique. Vous pouvez mettre de la musique douce en fond sonore ou allumer une bougie chauffe-plat pour créer l'ambiance.

Parlez à voix basse et doucement, en faisant régulièrement de petites pauses pour permettre à votre enfant de bien se représenter les choses.

Lorsque vous arrivez à la fin, faites sortir votre enfant du voyage onirique en toute sécurité. Veillez à ce que l'atmosphère reste détendue. Pour ce faire, laissez par exemple la musique jouer un moment et n'allumez pas immédiatement la lumière.

Les oursons à miel

Mettez-vous à l'aise. Vous pouvez fermer les yeux si vous le souhaitez. Pouvez-vous sentir le matelas moelleux sous vous ? Placez vos bras le long de votre corps, vos épaules sont détendues. Concentrez-vous sur votre respiration et sur la façon dont votre poitrine se soulève et s'abaisse. Inspirez et expirez calmement. Sentez le calme qui vous entoure.

Vous sentez que vous avez chaud ? Inspirez et expirez.

Remarquez-vous que vos bras deviennent plus lourds ? Inspirez et expirez.

Remarquez-vous que vos jambes deviennent également plus lourdes ? Inspirez et expirez.

C'est en toute décontraction que vous commencez votre voyage. Calme et détendu. Inspirez et expirez.

Vous êtes dans une forêt, entouré d'arbres géants. Certains d'entre eux ont de grandes feuilles vert clair. D'autres ont de petites aiguilles vert foncé. Ils vous rappellent le sapin qui trône dans votre salon à Noël, toujours décoré de couleurs vives. Mais ceux-ci sont beaucoup, beaucoup plus grands.

Vous levez les yeux vers les arbres. Le soleil brille sur votre visage à travers les branches. Vos narines vous chatouillent et vous avez chaud. Vous respirez profondément et sentez l'odeur de la mousse fraîche qui pousse partout sur le sol et les troncs d'arbres alentour.

Vous faites quelques pas. Les feuilles mortes craquent sous vos chaussures. Sur votre droite, vous apercevez une petite mare dans laquelle poussent des herbes. Il y a un petit clapotis. Une petite grenouille verte avec des points sombres nage à travers l'eau, en sort et se pose sur l'une des pierres qui bordent la mare. Elle aussi semble profiter des chauds rayons du soleil.

Vous continuez à marcher. Vous marchez sur des branches qui se brisent sous vos pieds et à travers des buissons qui vous chatouillent les jambes nues. Un vent léger souffle dans les arbres et fait craquer le bois. Les oiseaux chantent partout et, au loin, vous entendez un hibou grand-duc crier doucement.

Vous arrivez à une clairière, vous vous arrêtez et regardez autour de vous. Un lapin marron avec un point blanc sur le dos est assis non loin de vous devant un buisson et se nettoie. Il passe et repasse ses pattes sur ses oreilles, qui s'agitent joyeusement de haut en bas. Lentement, vous vous accroupissez. Vous vous tenez tranquille pour ne pas l'effrayer.

Le lapin lève la tête et tend l'oreille. Il semble avoir entendu quelque chose. Lentement, il s'assoit sur ses pattes arrière, s'étire en hauteur et bouge la tête de tous les côtés avec attention. Son regard se pose sur vous. Lentement, il se rapproche de vous en clopinant. Ne bougez pas !
Le petit lapin est maintenant si proche de vous que vous pourriez le toucher. Avec ses yeux bruns, il

vous observe attentivement. Sa fourrure brille au soleil. Vous avez envie de le caresser. Avec précaution, vous tendez le bras vers lui. Il dresse les oreilles avec attention, mais ne s'enfuit pas. Doucement, vous commencez à le caresser. D'abord sur la tête, puis sur les oreilles et enfin sur le dos. Son pelage est doux et moelleux et il est tout chaud. Il apprécie la caresse pendant un moment avant de se retourner et de retourner vers le buisson en clopinant.

Curieux, vous le suivez. Alors que vous vous approchez du buisson dans lequel le lapin a disparu, vous entendez un léger bourdonnement dans vos oreilles. De petites étincelles apparaissent autour de vous.

"Hé, qui êtes-vous et que faites-vous ici ?", vous entendez une voix aiguë vous appeler de derrière un arbre. "Moi ?", demandez-vous, incertain. "Je me promène juste ici", répondez-vous en donnant votre nom à la voix inconnue. "Et qui es-tu ?"

"Je m'appelle Berry", résonne-t-il. "Comment êtes-vous entré ici ?"

"Entrer ?", demandez-vous, perplexe.

Dans le dôme magique". Aucun humain ne peut entrer dans le dôme magique à moins que...". La voix s'arrête. Derrière le grand arbre, un visage brun et pelucheux apparaît. C'est un petit ours. De ses grands yeux sombres, il vous regarde avec scepticisme.

"Tu as une amulette sur toi ?", demande-t-il. Vous plissez les yeux, perplexe. "Je n'ai pas d'amulette", répondez-vous honnêtement.

"Papperlapapp !", s'exclame-t-il en sautant de derrière l'arbre. "Personne ne peut entrer dans le pays des oursons à miel sans une des amulettes magiques ! Regardez dans vos poches", vous demande l'ours. Vous tâtonnez prudemment dans la poche droite de votre pantalon. Rien. Puis vous cherchez dans la poche gauche. Qu'est-ce que c'est ? Vous sentez un objet rond et froid dans votre main et vous le sortez.

"Voilà, je vous l'avais dit ! Une amulette !", s'exclame Berry en désignant le pendentif doré que vous tenez dans la main. Mais d'où vient-il ? Vous réfléchissez un instant, mais vous ne pouvez pas l'expliquer. L'amulette est ornée d'une patte d'ours dorée qui vous éblouit légèrement à la lumière du soleil.

"Où suis-je ici ?", demandez-vous, perplexe. "Et pourquoi peux-tu parler ?" Le petit ours brun vous regarde avec de grands yeux. "Eh bien, parce que je suis un ours à miel. Tous les ours à miel peuvent parler. Toutes les langues du monde", explique-t-il. "Tu es au royaume des oursons à miel".

Les ours à miel ? Vous n'en avez jamais entendu parler. Berry voit bien que son explication soulève plus de questions que de réponses et vous demande de le suivre. Vous vous promenez au-dessus d'un petit ruisseau. Partout, les abeilles bourdonnent et volent d'une fleur colorée à l'autre. Vous vous glissez par un petit trou dans une haie et ce qui ressemble à un petit village s'ouvre devant vous. De grandes huttes en terre sont disposées au hasard, de plus petites sont fixées en haut des arbres et tout au fond, vous apercevez une grande grotte sombre dans la carrière. Devant les huttes, de grands ours sont debout, assis ou couchés. L'un est noir, l'autre blanc, l'autre encore brun comme Berry. Ces ours sont cependant bien plus grands que lui. Vous levez les yeux vers les cabanes dans les arbres, où se trouvent également des ours. Il y a des ours bruns, noirs, blancs et même tachetés. Ceux-ci sont plus petits et aussi grands que Berry et vous.

"Qu'est-ce que cet humain fait ici ?", résonne une voix grave depuis la grotte sombre. Un ours noir, le plus grand de tous ici, sort et vous regarde d'un air mauvais.

"Je devrais suivre Berry", expliquez-vous. "C'est pourquoi", vous tenez rapidement l'amulette dorée en l'air. Le grand ours au pelage ébouriffé se rapproche de vous. "L'amulette au miel", murmure-t-il. "Où as-tu trouvé ça ?"

"Je ne sais pas", répondez-vous honnêtement. "Je l'ai trouvé dans la poche de mon pantalon".

"Mmm", fait-il. "L'amulette a des pouvoirs magiques. Seuls ceux qui la possèdent ont accès à notre royaume".

"Magique ?", vous regardez avec de grands yeux l'amulette que vous tenez dans votre main.

"Oui", confirme l'ours. "Il a été forgé autrefois par l'un de nos ancêtres. Pour ceux qui ont de l'imagination, il permet de voyager partout dans le monde et même au-delà. Il faut cependant l'aide et la magie d'un ours en miel. C'est pourquoi il vous a conduit jusqu'à nous".

"En fait, vous ne devriez pas nous voir", ajoute Berry avec excitation.

"C'est vrai", explique le vieil ours d'une voix douce. "Apparemment, vous avez été choisi pour partir dans le grand voyage de votre imagination".

"Ça a l'air génial !", répondez-vous avec euphorie. "Mais comment cela fonctionne-t-il exactement ?"

L'ours rit aux éclats. "De la même manière que vous êtes venu ici. Il vous suffit de laisser libre cours à votre imagination et de transformer les mots que vous entendez en images dans votre tête. Le reste se fera tout seul. Berry t'aidera à le faire".

"Oui, c'est ça. Ensemble, nous allons vivre de grandes aventures", se réjouit le petit ours brun à côté de vous. Ses yeux s'illuminent de bonheur.

"J'en suis sûr", confirme l'aîné en hochant la tête. "Mais c'est assez pour aujourd'hui. Les humains ont besoin de dormir, tout comme les petits oursons", il caresse affectueusement la tête de Berry et ses oreilles se balancent joyeusement. Puis il se tourne à nouveau vers vous. "Si vous êtes prêt, commencez vos voyages comme vous avez commencé celui-ci. Berry sera déjà là à t'attendre.

Mais maintenant, il est temps pour vous de rentrer chez vous".

La Grande Ourse a raison. Ce voyage a vraiment été assez fatigant comme ça. Vous vous sentez fatigué, mais heureux de tout ce que vous avez vécu aujourd'hui. Demain, vous vous dites que vous allez vous lancer dans l'une des nombreuses aventures qui vous attendent avec Berry.

Le château de
sable

Mettez-vous à l'aise. Vous pouvez fermer les yeux si vous le souhaitez. Pouvez-vous sentir le matelas moelleux sous vous ? Placez vos bras le long de votre corps, vos épaules sont détendues. Concentrez-vous sur votre respiration et sur la façon dont votre poitrine se soulève et s'abaisse. Inspirez et expirez calmement. Sentez le calme qui vous entoure.

Vous sentez que vous avez chaud ? Inspirez et expirez.

Remarquez-vous que vos bras deviennent plus lourds ? Inspirez et expirez.

Remarquez-vous que vos jambes deviennent également plus lourdes ? Inspirez et expirez.

C'est en toute décontraction que vous commencez votre voyage. Calme et détendu. Inspirez et expirez.

Berry, le petit ours brun au miel, vous emmène en voyage. Vous êtes sur une longue plage de sable blanc. C'est une belle journée ensoleillée. Le ciel est d'un bleu éclatant et le soleil vous chatouille la peau. Vous portez votre t-shirt préféré et un maillot de bain. Vous marchez pieds nus sur le sable chaud. Vous observez les petits grains dorés qui glissent entre vos orteils à chaque pas. Au loin, vous entendez le cri de quelques mouettes.

Lentement, vous levez les yeux de vos pieds. Devant vous s'étend la mer. Le soleil se reflète sur la surface bleue. Un voilier dérive tout au fond de l'eau. Vous vous en approchez. Le bruit de la mer résonne à vos oreilles. Le sable sous vos pieds est maintenant tout boueux. De petites vagues s'échouent régulièrement sur la plage, laissant une écume blanche à vos pieds.

"Regardez là-bas", crie Berry en désignant le rivage. Une autre petite vague roule vers vous. Avant même que vous n'ayez eu le temps de faire un pas en arrière, vos pieds sont baignés par l'eau. Vous ressentez un froid agréable et un léger chatouillement. Puis l'eau se retire lentement.

Votre regard se porte sur la plage. Non loin de vous, vous apercevez quelque chose debout sur le sable. Vous plissez les yeux et essayez de voir ce que c'est.

"C'est une tour ?", demande Berry avec excitation. Oui, c'est une tour. Mais pas n'importe laquelle. Vous regardez de plus près. Il y a quatre tours placées l'une en face de l'autre. Sur chaque tour, un drapeau rouge brille dans les rayons du soleil. Vous vous approchez lentement. Vos pieds laissent des empreintes dans le sable humide. Vous remarquez que les tours sont reliées par des murs sur lesquels ont été placés des petits coquillages. C'est un château de sable.

Encore quelques pas et vous y êtes. Le soleil brûle légèrement sur votre peau. Vous avez agréablement chaud. "Qu'est-ce qui se trouve à côté des tours ?" Le petit ours brun pointe vers la droite. Vous regardez de plus près. Une pelle bleue brille dans le sable.

"Le château de sable a dû être construit avec cette pelle. Je me demande qui a fait ça", marmonne Berry.

Vous vous asseyez doucement à côté du château de sable. Vous ne voulez évidemment pas le casser, car il est bien trop beau pour cela. Vous passez vos mains dans le sable chaud et le faites glisser entre vos doigts. L'air salé de la mer vous a fatigué. Vous penchez doucement le haut de votre corps en arrière. Vous sentez le sable doux. D'abord dans votre dos, puis à l'arrière de votre tête. Vous êtes confortablement allongé.

La promenade vous a fait du bien. Vous êtes heureux d'entendre le bruit de la mer, que vous percevez encore légèrement. Vous devriez commencer à rentrer chez vous. Vous vous sentez fatigué, mais heureux de tout ce que vous avez vécu aujourd'hui. Demain, vous vous dites que vous et Berry allez vous lancer dans une autre des nombreuses aventures qui vous attendent.

Monde sous-marin

Mettez-vous à l'aise. Vous pouvez fermer les yeux si vous le souhaitez. Pouvez-vous sentir le matelas moelleux sous vous ? Placez vos bras le long de votre corps, vos épaules sont détendues. Concentrez-vous sur votre respiration et sur la façon dont votre poitrine se soulève et s'abaisse. Inspirez et expirez calmement. Sentez le calme qui vous entoure.

Vous sentez que vous avez chaud ? Inspirez et expirez.

Remarquez-vous que vos bras deviennent plus lourds ? Inspirez et expirez.

Remarquez-vous que vos jambes deviennent également plus lourdes ? Inspirez et expirez.

C'est en toute décontraction que vous commencez votre voyage. Calme et détendu. Inspirez et expirez.

Berry, le petit ours brun au miel, vous emmène en voyage. Vous êtes dans la mer. Loin au fond de l'océan. Devant vous, vous voyez du sable blanc et des récifs coralliens multicolores. Tout est calme. Ici aussi, vous pouvez respirer. Essayez donc de le faire. Inspirez profondément et expirez à nouveau. Vous voyez ? Cela fonctionne. L'eau est chaude et claire.

Une tortue tourne en rond devant vous. Elle a une grande carapace brune et sa peau est recouverte d'un motif noir. Elle nage vers le fond et arrache les algues du sol pour les manger. Vous la regardez faire. Elle ouvre légèrement son bec et retire une touffe à la fois. Les algues se balancent d'avant en arrière dans l'eau.

Vous regardez autour de vous. Au-dessus de vous, vous pouvez voir le soleil qui brille à la surface de l'eau. Le ciel est d'un bleu éclatant. Les coraux qui se trouvent partout au fond de la mer sont magnifiques. Certains d'entre eux sont bleu clair, d'autres sont jaunes ou roses. Aucun corail ne ressemble à un autre. Tous ont une forme différente. Certains sont grands et pointus, d'autres petits et ronds. En bas, il y a aussi des pierres et des rochers recouverts d'algues vertes. Vous faites lentement glisser vos mains sur elles et vous sentez la consistance glissante sur vos paumes. "C'est drôle", rigole Berry, qui fait de même.

Des poissons nagent entre les coraux. Des grands et des petits. Tous de couleurs différentes. Un poisson bleu avec des rayures jaunes nage juste devant votre visage, laissant de petites bulles dans l'eau qui s'élèvent. À quelques mètres de vous, un banc de poissons rouges joue à la pêche.

En regardant vers la droite, vous apercevez un petit hippocampe qui se laisse porter par l'eau. En dessous de vous, une raie nage à quelques centimètres du sol, soulevant le sable avec son dard. D'ici, ses grandes nageoires ressemblent à des ailes qui se déplacent de haut en bas.
Entre deux gros rochers, quelque chose nage vers vous. Vous plissez les yeux pour essayer de voir ce que c'est. "Un dauphin !", s'exclame joyeusement

le petit ours. Le dauphin s'approche de vous et, à quelques mètres de vous, tourne à gauche et disparaît derrière l'un des grands récifs coralliens.

Vous continuez à plonger avec précaution. L'eau entoure doucement votre corps. Vous tendez la main et touchez le sol boueux. Vous essayez de former de petites boules de sable mouillé dans votre main, mais elles se désagrègent aussitôt. Un escargot d'eau avec une coquille brune rampe le long de votre main, laissant des traces de son passage dans la boue.

Il est lentement temps de rentrer à la maison. Les poissons aussi commencent à se cacher dans les fissures des rochers et des coraux. Vous vous sentez fatigué, mais heureux de tout ce que vous avez vécu aujourd'hui. Demain, vous vous dites que vous et Berry allez vous lancer dans une autre des nombreuses aventures qui vous attendent.

À travers la nuit

Mettez-vous à l'aise. Vous pouvez fermer les yeux si vous le souhaitez. Pouvez-vous sentir le matelas moelleux sous vous ? Placez vos bras le long de votre corps, vos épaules sont détendues. Concentrez-vous sur votre respiration et sur la façon dont votre poitrine se soulève et s'abaisse. Inspirez et expirez calmement. Sentez le calme qui vous entoure.

Vous sentez que vous avez chaud ? Inspirez et expirez.

Remarquez-vous que vos bras deviennent plus lourds ? Inspirez et expirez.

Remarquez-vous que vos jambes deviennent également plus lourdes ? Inspirez et expirez.

C'est en toute décontraction que vous commencez votre voyage. Calme et détendu. Inspirez et expirez.

Berry, le petit ours brun au miel, vous emmène en voyage. Vous survolez la ville. Dehors, il fait déjà nuit. Seuls quelques lampadaires le long des rues éclairent le chemin. Quelques fenêtres des maisons en contrebas sont encore éclairées, d'autres sont déjà éteintes. Les oiseaux qui, ce midi encore, volaient joyeusement de branche en branche, sont déjà confortablement installés dans leurs nids. Dans quelques heures, ils reprendront leur travail.

Le vent frais souffle sur vos oreilles et vous donne un peu la chair de poule. Les grillons chantent à tue-tête et emplissent la nuit de leurs chants.

"Tes parents dorment-ils ?", demande Berry, qui vole à tes côtés. Vous planez silencieusement le long de la fenêtre de leur chambre et regardez à l'intérieur. Tout est sombre dans la pièce. À travers la lumière de la lune, vous voyez qu'ils sont déjà tous les deux dans leur lit. Je me demande si, dans leur imagination, ils peuvent voler. Oui, vous en êtes sûr.

Vous continuez à voler prudemment. Les nombreuses étoiles au-dessus de vous brillent. Vous passez devant le terrain de jeu où vous avez beaucoup joué aujourd'hui. Tout est calme. La balançoire rouge se déplace d'avant en arrière sous l'effet du vent.

Un chat noir se déplace lentement sur la pelouse de l'aire de jeux. Il semble avoir repéré quelque chose dans les hautes herbes. Ses yeux verts brillent sous la lumière du lampadaire. À quelques mètres devant elle, l'herbe bruisse. Une petite souris en sort la tête. Le chat s'arrête. Il tient une patte en l'air. Au moment où il s'apprête à sauter, la souris disparaît dans un petit trou dans le sol. Déçu, le chat s'éloigne à tâtons par un petit trou dans la clôture en bois.

Vous continuez à voler. Quelques voitures isolées circulent dans les rues en dessous de vous. Une voiture blanche s'arrête devant le garage d'une maison. Les lumières s'éteignent. Un homme âgé en sort, ferme la porte de la voiture derrière lui et se rend dans la maison. Lui aussi va bientôt se coucher dans son lit et dormir. Vous baillez une fois brièvement. Vous devriez commencer à rentrer chez vous. Vous vous sentez fatigué, mais heureux de tout ce que vous avez vécu aujourd'hui. Demain, vous vous dites que vous et Berry allez vous lancer dans une autre des nombreuses aventures qui vous attendent.

Le papillon

Mettez-vous à l'aise. Vous pouvez fermer les yeux si vous le souhaitez. Pouvez-vous sentir le matelas moelleux sous vous ? Placez vos bras le long de votre corps, vos épaules sont détendues. Concentrez-vous sur votre respiration et sur la façon dont votre poitrine se soulève et s'abaisse. Inspirez et expirez calmement. Sentez le calme qui vous entoure.

Vous sentez que vous avez chaud ? Inspirez et expirez.

Remarquez-vous que vos bras deviennent plus lourds ? Inspirez et expirez.

Remarquez-vous que vos jambes deviennent également plus lourdes ? Inspirez et expirez.

C'est en toute décontraction que vous commencez votre voyage. Calme et détendu. Inspirez et expirez.

Berry, le petit ours brun au miel, vous emmène en voyage et vous rétrécit tous les deux à la taille d'un scarabée. C'est une chaude journée d'été. Vous êtes au milieu d'une verte prairie. Les brins d'herbe sont aussi hauts que des gratte-ciel. Ils se balancent au gré du vent et toutes sortes d'animaux s'ébattent entre eux. Vous observez des fourmis qui s'affairent à transporter des feuilles deux fois plus grandes qu'elles vers leur nid. L'une après l'autre.

Au loin, vous entendez le cri d'une buse et les grillons chantent leurs plus belles chansons. Au-dessus de vous, les abeilles virevoltent d'une fleur colorée à l'autre. Vous respirez profondément. Ça sent le coquelicot, la lavande et la camomille. Ces parfums vous montent à la tête et vous apportent calme et force.

Vous ressentez une forte bourrasque de vent qui vous fait vaciller un instant. En levant les yeux, vous voyez un papillon se poser au-dessus de vous. Ses grandes ailes produisent du vent qui fait virevolter vos cheveux.

Il se pose sur une fleur rouge, à quelques mètres au-dessus de vous. Il déploie sa longue trompe et s'apprête à sucer le nectar de la fleur. Avec ses petits pieds, il s'agrippe délicatement aux feuilles. En un clin d'œil, il aspire sa nourriture par chaque petit pore de la fleur. Une abeille, un étage en dessous, commence à faire de même.

"Ce qui est purement alimentaire pour le papillon est un travail difficile pour l'abeille. Le nectar qu'elle récolte, elle le ramènera plus tard à la maison, dans sa ruche. Là-bas, il y a encore plus d'agitation qu'ici, dans ce pré", vous explique Berry, et vous continuez tous les deux à observer le travail de cette abeille laborieuse.

Ici, tout est détendu. Le papillon laisse encore à l'abeille les restes du nectar de la fleur avant de balancer ses ailes et de reprendre sa route.

Vous respirez encore une fois profondément et profitez de l'animation. Vous aussi, vous devriez commencer à rentrer chez vous. Vous vous sentez fatigué, mais heureux de tout ce que vous avez vécu aujourd'hui. Demain, vous vous dites que vous et Berry allez vous lancer dans l'une des nombreuses aventures qui vous attendent.

Le pays des dinosaures

Mettez-vous à l'aise. Vous pouvez fermer les yeux si vous le souhaitez. Pouvez-vous sentir le matelas moelleux sous vous ? Placez vos bras le long de votre corps, vos épaules sont détendues. Concentrez-vous sur votre respiration et sur la façon dont votre poitrine se soulève et s'abaisse. Inspirez et expirez calmement. Sentez le calme qui vous entoure.

Vous sentez que vous avez chaud ? Inspirez et expirez.

Remarquez-vous que vos bras deviennent plus lourds ? Inspirez et expirez.

Remarquez-vous que vos jambes deviennent également plus lourdes ? Inspirez et expirez.

C'est en toute décontraction que vous commencez votre voyage. Calme et détendu. Inspirez et expirez.

Berry, le petit ours brun au miel, vous emmène en voyage. Il commence par une grande rivière. Cette rivière est traversée par une sorte de pont qui semble avoir été construit à partir d'une carrière. Il y a quelques grands arbres isolés, avec de grandes feuilles vertes qui poussent sur leur couronne. Vous écoutez les bruits qui proviennent des forêts à votre droite et à votre gauche. Vous comprenez immédiatement qu'il ne s'agit pas de bruits de forêt normaux, comme ceux que vous avez entendus lors de votre voyage chez les ours à miel. Il s'agit d'un grognement fort et profond. L'eau dans une flaque à vos pieds fait de petites vagues.

"Regardez, là !", s'exclame Berry en désignant un dinosaure qui sort de la forêt. Son cou est long et dépasse de plusieurs mètres les arbres qui l'entourent. Il s'approche lourdement de la rive de la rivière et baisse la tête vers l'eau pour boire. Vous pouvez voir les écailles grises sur sa peau. Je me demande ce que vous ressentez en le caressant. Le dino ouvre sa bouche avec plaisir et la laisse se remplir d'eau.

"C'est un brachiosaure", explique votre ami. "Un dinosaure qui ne mange que des plantes".

"Peut-on le monter ?", demandez-vous avec curiosité.

"Bien sûr", répond Berry avec joie. "Nous sommes dans votre imagination. Tout ce que vous voulez faire, vous pouvez le faire".

Vous vous approchez prudemment du dinosaure. Celui-ci vous regarde paisiblement, toujours la tête baissée. Lentement, vous tendez la main vers lui. Sa peau est chaude et rugueuse au toucher. Pas du tout glissante et froide comme vous le pensiez. Le grand géant se laisse caresser en grommelant paisiblement. Avec son museau, il s'approche de vous pour vous renifler. Il vous chatouille légèrement le visage. Puis il vous saisit délicatement avec sa gueule par le col de votre T-shirt et vous soulève dans les airs avant de vous reposer doucement sur son dos.

"Accrochez-vous bien !", vous crie Berry depuis le sol alors que le brachiosaure se met à trotter. D'en haut, votre ami l'ours semble encore plus petit que d'habitude. Sur le dos du dinosaure, il se balance comme un fou. D'ici, vous pouvez voir bien au-delà de la rivière et apercevoir d'autres dinosaures au loin, profitant paisiblement du soleil dans les hautes herbes.

Monter sur le grand dino est un plaisir fou. Votre ventre fourmille comme dans un tour de montagnes russes et vous profitez de la vue. Vous voyez beaucoup de nouveaux arbres et de nouvelles plantes que vous n'avez pas chez vous. L'odeur qui vous monte au nez est également nouvelle pour vous. Vous respirez profondément pour bien le percevoir. Il vous permet de vous détendre et de vous sentir à l'aise dans cet environnement étranger. Les oiseaux ici aussi ont l'air très différents. Plus grands et sans plumes, ils volent au-dessus de votre tête.

Plus le dinosaure s'enfonce dans la forêt, plus les bruits étranges que vous avez perçus au début de votre voyage deviennent forts. Certains ressemblent à des chants d'oiseaux étranges, d'autres à de grands tambours bruyants qui font écho au loin. Vous écoutez tout avec curiosité et vous vous laissez imprégner.

Après un moment, le brachiosaure fait demi-tour. Vous passez à nouveau devant de gros rochers recouverts de mousse et de nombreux arbres. Dans certains d'entre eux, vous pouvez voir des nids avec des œufs à l'intérieur, tellement vous êtes assis haut sur le dos du dinosaure. De retour à la rivière, Berry vous attend. Avec précaution, le dino vous attrape à nouveau par le col de votre chemise, vous soulève dans les airs, puis vous dépose délicatement sur le sol sablonneux à côté de l'ours brun. Il semble vous faire un signe amical de la tête avant de repartir d'un pas bruyant vers la forêt.

Vous aussi, vous devriez commencer à rentrer chez vous. Vous vous sentez fatigué, mais heureux de tout ce que vous avez vécu aujourd'hui. Demain, vous vous dites que vous et Berry allez vous lancer dans l'une des nombreuses aventures qui vous attendent.

Le bonhomme de neige

Mettez-vous à l'aise. Vous pouvez fermer les yeux si vous le souhaitez. Pouvez-vous sentir le matelas moelleux sous vous ? Placez vos bras le long de votre corps, vos épaules sont détendues. Concentrez-vous sur votre respiration et sur la façon dont votre poitrine se soulève et s'abaisse. Inspirez et expirez calmement. Sentez le calme qui vous entoure.

Vous sentez que vous avez chaud ? Inspirez et expirez.

Remarquez-vous que vos bras deviennent plus lourds ? Inspirez et expirez.

Remarquez-vous que vos jambes deviennent également plus lourdes ? Inspirez et expirez.

C'est en toute décontraction que vous commencez votre voyage. Calme et détendu. Inspirez et expirez.

Berry, le petit ours brun au miel, vous emmène en voyage. Devant vous, tout est blanc. Les grands sapins isolés portent la neige sur leurs branches. Le vent agréablement frais que vous sentez sur votre visage souffle devant vous de petits nuages de neige. Vous regardez vos pieds. Ils s'enfoncent dans la neige jusqu'aux chevilles. Vous ne distinguez que vaguement vos bottes.

Vous faites un pas en avant. La neige craque sous vos pieds lorsque vous déplacez votre poids. Autour de vous, le paysage enneigé est encore vierge. La seule trace est la vôtre. Malgré le vent frais, vous avez agréablement chaud. Vous respirez l'air frais. Quelque part, quelqu'un semble avoir allumé une cheminée. Cela sent la suie et le bois brûlé. Vous pouvez également sentir une légère odeur de résine provenant des arbres.

Tout est silencieux. Tout ce que vous entendez, c'est le craquement de la neige sous vos bottes. Vous vous arrêtez et vous vous penchez. La neige scintille sous le soleil qui brille dans un ciel sans nuages. Vous prenez une partie de la neige dans vos mains. Elle est froide et mouillée et peut parfaitement être façonnée en une boule ronde.

"Juste la neige qu'il faut pour faire un bonhomme de neige", suggère Berry en voyant la boule de neige dans votre main. "Ça te dit ?"

Bien sûr que vous avez envie ! Quelle question ! Vous acquiescez et commencez à faire rouler la balle dans votre main dans la neige. Elle devient de plus en plus grosse. Bientôt, elle est si grande que vous ne pouvez plus la soulever et qu'elle ne peut que rouler. Pendant ce temps, Berry s'occupe de la deuxième boule pour le bonhomme de neige.

Au bout d'un moment, vous ne pouvez que pousser votre boule devant vous. Elle vous arrive presque jusqu'au ventre. "Je crois que ça suffit", dit Berry. "Maintenant, nous devons placer ma boule sur la tienne".

En unissant vos forces, vous soulevez la boule de neige la plus petite. "Parfait", se réjouit le petit ours brun en regardant les deux boules superposées. "Que faut-il de plus pour faire un bonhomme de neige ?"

"Des branches pour les pauvres", répondez-vous et courez joyeusement vers l'un des sapins à proximité. Vous cassez avec précaution deux branches déjà entamées, revenez en courant et insérez l'une des deux branches à gauche dans la grosse boule du bas et l'autre à droite.

"Tu trouves aussi deux pierres pour les yeux ?", vous demande Berry. Vous acquiescez et commencez à chercher des pierres sur le sol enneigé. Vous écartez la neige et découvrez un sol sablonneux et boueux en dessous. Deux grosses pierres sombres dépassent du sable. Heureux d'avoir trouvé si rapidement, vous prenez les pierres et retournez vers Berry et le bonhomme de neige. Vous placez les deux pierres côte à côte dans la sphère supérieure et faites un pas en arrière.

"Ça a l'air vraiment génial", se réjouit le petit ours. Votre estomac frémit de joie.

"Il a besoin d'un autre nez", remarquez-vous.

"C'est vrai", vous confirme Berry. "Mais qu'est-ce qu'on prend pour ça ?", il regarde autour de lui, pensif. Puis son regard se pose sur quelques branches de sapin qui ont dû tomber de l'arbre. Il s'y dirige d'un pas rapide, laissant de petites empreintes de pattes dans la neige.

Un moment plus tard, il revient. "Voilà", dit-il en plaçant une grosse pomme de pin brune sous les yeux du bonhomme de neige, "maintenant il est parfait" !

Les yeux brillants de bonheur, vous continuez à contempler votre œuvre pendant un moment, alors que le soleil se couche lentement à l'horizon.

Maintenant, vous devriez prendre le chemin de la maison. Vous vous sentez fatigué, mais heureux de tout ce que vous avez vécu aujourd'hui. Demain, vous vous dites que vous et Berry allez vous lancer dans une autre des nombreuses aventures qui vous attendent.

Dans l'espace

Mettez-vous à l'aise. Vous pouvez fermer les yeux si vous le souhaitez. Pouvez-vous sentir le matelas moelleux sous vous ? Placez vos bras le long de votre corps, vos épaules sont détendues. Concentrez-vous sur votre respiration et sur la façon dont votre poitrine se soulève et s'abaisse. Inspirez et expirez calmement. Sentez le calme qui vous entoure.

Vous sentez que vous avez chaud ? Inspirez et expirez.

Remarquez-vous que vos bras deviennent plus lourds ? Inspirez et expirez.

Remarquez-vous que vos jambes deviennent également plus lourdes ? Inspirez et expirez.

C'est en toute décontraction que vous commencez votre voyage. Calme et détendu. Inspirez et expirez.

Berry, le petit ours brun au miel, vous emmène en voyage. Vous êtes assis dans un grand vaisseau spatial en acier. Devant vous, des boutons colorés clignotent sur le tableau de bord. Tout est silencieux. Vous regardez à l'extérieur par l'une des grandes fenêtres et n'en croyez pas vos yeux. D'innombrables étoiles et planètes flottent dans l'obscurité de l'espace. Des galaxies multicolores brillent de toutes leurs couleurs.

"Regarde, en dessous de nous, c'est la Terre !", s'exclame Berry en désignant la grande sphère bleue et verte. On peut même apercevoir des nuages épars. Vous regardez autour de vous et apercevez une planète plus petite, couverte de grands cratères.

"Est-ce la lune ?", demandez-vous en la montrant du doigt.

"Non, c'est Mercure", vous explique le petit ourson. "C'est à cause des météorites qui l'ont frappée que tous ces cratères sont apparus. La Lune est beaucoup plus petite".

"Vraiment ?", demandez-vous avec étonnement. "Comment se fait-il que l'on puisse voir la Lune depuis la Terre, mais pas Mercure ?"

"C'est parce que la Lune est plus proche de la Terre. Néanmoins, on peut aussi voir Mercure depuis la Terre. Le plus souvent au printemps, le soir, et à l'automne, le matin", explique le petit ours.

Vous regardez plus loin. En plus de Mercure, vous distinguez d'autres planètes. Là devant, la planète rouge, entourée de deux planètes plus petites. C'est Mars.

Et là, la petite planète jaune qui brille si bien. C'est Vénus.

Un peu plus loin, vous apercevez une planète rayée de bleu. Elle est énorme. C'est Jupiter.

Derrière se cache une autre planète. Il s'agit d'Uranus. Elle est environ deux fois plus petite que Jupiter. A côté, une autre planète, également bleue, écrit autour d'elle un cerceau bleu de poussière et de morceaux de pierre. C'est Neptune.

Juste au-dessus de vous se trouve Saturne. Une planète également entourée d'un anneau.

Le vaisseau spatial poursuit sa route. Il passe à côté d'une autre planète beaucoup plus petite, qui traîne une queue derrière elle. C'est Pluton.

Vous prenez un moment pour tout regarder et apprécier la vue.

Berry continue à guider le vaisseau spatial vers une nébuleuse composée d'une infinité de petites étoiles. Leur rayonnement vous éblouit tellement que vous devez plisser les yeux. Pendant un moment, vous vous laissez glisser dans la brume d'étoiles. Vous commencez à compter les étoiles autour de vous, mais vous réalisez rapidement qu'il y en a tout simplement trop. Vous vous reposez donc sur vos sièges et profitez encore un peu de la vue.

Lentement, vous devriez prendre le chemin de la maison. Vous vous sentez fatigué, mais heureux de tout ce que vous avez vécu aujourd'hui. Demain, vous vous dites que vous et Berry allez vous lancer dans une autre des nombreuses aventures qui vous attendent.

La jungle

Mettez-vous à l'aise. Vous pouvez fermer les yeux si vous le souhaitez. Pouvez-vous sentir le matelas moelleux sous vous ? Placez vos bras le long de votre corps, vos épaules sont détendues. Concentrez-vous sur votre respiration et sur la façon dont votre poitrine se soulève et s'abaisse. Inspirez et expirez calmement. Sentez le calme qui vous entoure.

Vous sentez que vous avez chaud ? Inspirez et expirez.

Remarquez-vous que vos bras deviennent plus lourds ? Inspirez et expirez.

Remarquez-vous que vos jambes deviennent également plus lourdes ? Inspirez et expirez.

C'est en toute décontraction que vous commencez votre voyage. Calme et détendu. Inspirez et expirez.

Berry, le petit ours brun au miel, vous emmène en voyage. Il commence au bord d'un grand lac, au milieu de nombreux arbres de grande taille. De nombreuses plantes inconnues y poussent. Tout est beau, d'un vert éclatant. Devant vous se trouve une carrière où poussent des brins de différentes plantes. Une belle cascade peu profonde en descend et clapote bruyamment dans le lac en contrebas.

Au-dessus de vous, le tonnerre commence à gronder. De grosses gouttes de pluie tombent du ciel. Les grandes feuilles des arbres qui vous entourent absorbent la majeure partie de la pluie, si bien que vous êtes à peine mouillé. Malgré la pluie, il fait bon ici.

Vous prenez une grande inspiration. Cela sent la terre mouillée, la pluie d'été et les plantes autour de vous. Puis vous regardez vos pieds. Vos bottes sont à moitié enfoncées dans le sol boueux de la jungle. Vous faites un pas en avant, déplacez votre poids et sentez votre pied s'enfoncer dans la boue glissante.

Vous vous enfoncez dans la jungle. Tout en faisant attention à ne pas glisser, vous mettez un pied devant l'autre. Ici et là, vous entendez un oiseau exotique chanter sa plus belle chanson, alors que l'orage d'été continue de gronder au-dessus de vous. L'oiseau ne se laisse pas impressionner.

Les senteurs des nombreuses plantes colorées qui vous entourent vous donnent un sentiment de détente et de sécurité. Heureux, vous continuez à marcher le long du sentier boueux.

Un petit oiseau jaune se pose sur une grande fleur rouge à quelques mètres de vous. La pluie a imprégné la fleur d'une eau potable précieuse pour l'oiseau. Il y plonge son bec fin et s'y abreuve. Vous observez la scène pendant un moment, puis vous continuez votre chemin.

Devant vous, un grand serpent traverse le sentier. Vous vous arrêtez et l'observez à distance de sécurité tandis qu'il se faufile gracieusement sur le sol boueux.

Puis soudain, un bruissement se fait entendre dans les arbres au-dessus de vous. Vous levez les yeux et apercevez un singe assis sur l'une des nombreuses branches. Il porte sur son dos un singe plus petit. Il semble que ce soit le bébé. Un cri aigu et piaillé résonne dans la jungle alors qu'il se suspend d'une branche à l'autre.

Vous voyez à travers les arbres qu'il a cessé de pleuvoir. Le soleil brille directement sur votre visage à travers les branches. Vous vous sentez bien au chaud. Vous restez un moment dans votre position, profitant de la chaleur des rayons sur votre peau. Vous fermez les yeux et écoutez les innombrables bruits de la nature. Des gouttes d'eau tombent des arbres et s'écrasent sur le sol, le chant des oiseaux résonne dans tous les coins et vous pouvez encore entendre la cascade qui se jette dans le lac.

Lentement, vous devriez prendre le chemin de la maison. Vous vous sentez fatigué, mais heureux de tout ce que vous avez vécu aujourd'hui. Demain, vous vous dites que vous et Berry allez vous lancer dans une autre des nombreuses aventures qui vous attendent.

Avec les nuages

Mettez-vous à l'aise. Vous pouvez fermer les yeux si vous le souhaitez. Pouvez-vous sentir le matelas moelleux sous vous ? Placez vos bras le long de votre corps, vos épaules sont détendues. Concentrez-vous sur votre respiration et sur la façon dont votre poitrine se soulève et s'abaisse. Inspirez et expirez calmement. Sentez le calme qui vous entoure.

Vous sentez que vous avez chaud ? Inspirez et expirez.

Remarquez-vous que vos bras deviennent plus lourds ? Inspirez et expirez.

Remarquez-vous que vos jambes deviennent également plus lourdes ? Inspirez et expirez.

C'est en toute décontraction que vous commencez votre voyage. Calme et détendu. Inspirez et expirez.

Berry, le petit ours brun au miel, vous emmène en voyage. Le sol sur lequel vous êtes allongé est doux et chaud. Vous le touchez avec vos mains et vous vous rendez compte que c'est comme si vous mettiez la main dans une énorme boule de coton. Vous ouvrez lentement les yeux. Au-dessus de vous, tout est bleu et il y a un léger vent qui vous chatouille le nez.

Vous vous asseyez. Des nuages blancs et moelleux flottent autour de vous. On dirait que vous pouvez vous blottir à l'intérieur. Puis vous regardez vers le bas. Le sol doux et chaud sur lequel vous êtes assis est également un gros nuage blanc. Vous avez l'impression d'être assis dans un lit rempli de coussins moelleux. Vous vous écartez prudemment du nuage pour vérifier sa résistance. Oui, il semble sûr. Il peut vous porter sans problème à travers la mer de nuages.

Avec les nuages qui vous entourent, elle flotte bien au-dessus du sol. D'ici, tout semble minuscule. Vous pouvez à peine distinguer les maisons, tant vous êtes haut. Avec elle, vous survolez un grand paysage de montagnes dont les sommets sont recouverts de neige blanche.

Lorsque vous tournez la tête sur le côté, vous voyez un grand aigle royal décrire des cercles autour de votre nuage. Ses plumes brunes brillent dans la lumière du soleil et ses ailes se balancent doucement de haut en bas. Il semble libre et heureux, comme s'il appréciait le vol avec vous. Ses yeux attentifs glissent sur la vallée en contrebas et, avant même que vous ne le sachiez, il amorce sa descente et s'élance vers le sol.

Le paysage en dessous de vous a changé. Vous avez laissé les montagnes derrière vous. Il y a maintenant une vallée verdoyante au bord d'un grand lac. Si vous regardez bien, vous voyez des vaches blanches et brunes qui paissent. Vous respirez profondément et vous pouvez sentir l'odeur du gazon fraîchement tondu et du grain pour les animaux jusqu'ici.

Il y a quelques arbres isolés dans la prairie et, plus loin, une grande ferme avec des cochons.

Quelque chose de petit et de noir se promène dans la cour. Vous plissez les yeux et reconnaissez un chien qui surveille la ferme.

Vous flottez juste au-dessus de la cour et d'une petite forêt. De nombreux feuillus et conifères différents sortent de terre. Chaque arbre remplit la forêt en dessous de vous de vie. Les cimes se laissent lentement porter par le vent. De temps en temps, vous entendez des branches grincer et se frotter les unes contre les autres.

Lentement, la forêt s'éclaircit et vous survolez une grande rivière. Vous pouvez voir votre reflet dans la surface de l'eau. Quelques canards passent à un cheveu de votre nuage et se posent sur l'eau de la rivière. Il y a même des bébés canards. Vous les reconnaissez à leur duvet gris pelucheux.

Vous vous penchez prudemment en arrière dans votre nuage. Le soleil brille sur vous et vous enveloppe d'une chaleur agréable. C'est vraiment amusant ici, sur votre propre nuage, mais vous devriez commencer à rentrer chez vous. Vous vous sentez fatigué, mais heureux de tout ce que vous avez vécu aujourd'hui. Demain, vous vous dites que vous et Berry allez vous lancer dans une

autre des nombreuses aventures qui vous
attendent.

Superhéros

Mettez-vous à l'aise. Vous pouvez fermer les yeux si vous le souhaitez. Pouvez-vous sentir le matelas moelleux sous vous ? Placez vos bras le long de votre corps, vos épaules sont détendues. Concentrez-vous sur votre respiration et sur la façon dont votre poitrine se soulève et s'abaisse. Inspirez et expirez calmement. Sentez le calme qui vous entoure.

Vous sentez que vous avez chaud ? Inspirez et expirez.

Remarquez-vous que vos bras deviennent plus lourds ? Inspirez et expirez.

Remarquez-vous que vos jambes deviennent également plus lourdes ? Inspirez et expirez.

C'est en toute décontraction que vous commencez votre voyage. Calme et détendu. Inspirez et expirez.

Berry, le petit ours brun au miel, vous emmène en voyage. Dans les aventures précédentes avec le petit ours, vous avez déjà remarqué que tout ce que vous désirez peut se réaliser ici. Dans votre imagination, il n'y a pas de limites. Tout ce que vous imaginez peut se produire.

Avez-vous déjà rêvé d'avoir des super-pouvoirs ? Peut-être de faire léviter des objets ? De courir à la vitesse de la lumière ? De voir à travers les murs ? De devenir invisible ?

Oui ? Alors essayez ici.

Vous vous trouvez sur un grand terrain sablonneux. Une sorte d'arène. Autour de vous se trouve un lourd mur de pierre qui délimite l'arène. Au-dessus de vous, des nuages défilent, laissant entrevoir de temps en temps un ciel bleu. Un léger vent souffle et vous sentez quelque chose flotter dans votre dos. Vous tournez la tête vers l'arrière et voyez une cape rouge attachée à votre col. Vous portez également une combinaison intégrale tout aussi rouge et moulante.

"Tu as l'air en pleine forme !", se réjouit Berry, qui vous regarde avec de grands yeux. "Qu'est-ce que tu veux essayer en premier ?", demande-t-il avec excitation.

Vous réfléchissez un instant. Voyons si vous pouvez faire léviter le petit ours. Vous vous concentrez sur ses petites pattes fermement posées sur le sol et plissez les yeux. Vous imaginez que ses pattes s'élèvent lentement et glissent sur le sol.

"Hé ! Qu'est-ce qui se passe ?!" s'exclame Berry en regardant vers le bas et en voyant son corps duveteux flotter au-dessus de vous.

"Ça marche !", répondez-vous avec un large sourire en levant les yeux vers lui.

"C'est super ! Mais, eh, tu peux me redescendre, s'il te plaît ? Je ne suis pas fait pour les hauteurs", répond-il, sceptique.
Vous acquiescez et imaginez que le petit ours redescend lentement. Ses pattes douces touchent doucement le sol sablonneux et il pousse un soupir de soulagement. "C'est mieux comme ça", marmonne-t-il en riant.

Ensuite, essayez de courir à la vitesse de l'éclair. Pour cela, commencez à courir en formant un grand cercle. Vos jambes se sentent plus légères à chaque pas. En regardant vers le bas, vous voyez que de petits éclairs se forment sous vos pas et que vous pouvez à peine voir vos pieds, tant ils se déplacent rapidement. Sous eux, il fait très chaud. Le vent fait bruyamment flotter votre cape rouge derrière vous.

Vous ne distinguez plus que vaguement votre environnement. Comme dans un cyclone, tout passe devant vous. Votre regard se transforme en tunnel et vous vous sentez libre comme vous ne l'avez pas été depuis longtemps. Vous vous précipitez vers le mur. Attention à ne pas le heurter !

Zack ! Tout à coup, vous vous êtes retrouvé de l'autre côté du mur. Vous pouviez facilement le traverser. Ici, à l'extérieur de l'arène, tout est vert. Des arbres de plusieurs mètres de haut surplombent le mur.

Vous vous arrêtez et vous vous étonnez un instant de ne pas être essoufflé. Vous prenez une grande inspiration. Comme ça sent bon ! L'odeur est douce, presque comme une barbe à papa. Tout ici est lumineux. Le vert de la prairie et des arbres est le plus riche que vous ayez jamais vu.

Vous vous retournez vers le mur, fermez les yeux et courez à nouveau vers lui.

Zack ! Vous êtes déjà de retour dans l'arène. Vous observez Berry qui regarde nerveusement de droite à gauche. Il semble vous chercher. Vous vous précipitez vers lui.

"Te voilà ! Où étais-tu ?", demande-t-il, soulagé.

"Je suis passé à travers le mur. Derrière, tout est magnifiquement vert et ça sent la barbe à papa", lui expliquez-vous.

Le petit ours sourit. "J'ai cru que tu étais rentré sans moi".

Vous secouez la tête avec empressement. "Je ne ferais jamais ça".

Ensemble, vous jouez encore un moment dans la grande arène. Vous faites la course pour savoir qui arrivera le premier au mur. Sans super pouvoirs, juste à votre propre vitesse, vous courez si vite que vous soulevez le sable sous vos pieds.

Lentement, vous devriez prendre le chemin de la maison. Vous vous sentez fatigué, mais heureux de tout ce que vous avez vécu aujourd'hui.

Demain, vous vous dites que vous et Berry allez vous lancer dans une autre des nombreuses aventures qui vous attendent.

La fête foraine

Mettez-vous à l'aise. Vous pouvez fermer les yeux si vous le souhaitez. Pouvez-vous sentir le matelas moelleux sous vous ? Placez vos bras le long de votre corps, vos épaules sont détendues. Concentrez-vous sur votre respiration et sur la façon dont votre poitrine se soulève et s'abaisse. Inspirez et expirez calmement. Sentez le calme qui vous entoure.

Vous sentez que vous avez chaud ? Inspirez et expirez.

Remarquez-vous que vos bras deviennent plus lourds ? Inspirez et expirez.

Remarquez-vous que vos jambes deviennent également plus lourdes ? Inspirez et expirez.

C'est en toute décontraction que vous commencez votre voyage. Calme et détendu. Inspirez et expirez.

Berry, le petit ours brun au miel, vous emmène en voyage. Vous vous trouvez sur une grande place. De la musique résonne dans vos oreilles. Il y a des manèges et des stands de jeux partout, avec des peluches et des jouets accrochés aux murs. Des lumières colorées brillent partout. Des petites ampoules rouges, bleues et jaunes s'allument à tour de rôle sur les nombreux manèges.

Un parfum sucré vous monte au nez. Cela sent les pommes confites, les amandes grillées et les oursons en gomme. Il n'y a personne d'autre que Berry et vous. Tous les manèges sont libres et vous ne savez pas où aller en premier. Le manège des papillons, peut-être ? Ou les autos tamponneuses ? Pourquoi pas la grande roue qui s'élève dans le ciel devant vous ?

Vous choisissez d'abord la grande roue. Vous vous dirigez vers elle d'un pas décidé. Vous vous asseyez dans l'une des nombreuses nacelles jaunes qui y sont fixées. Berry vous suit. Par sécurité, vous fermez la chaîne avant de vous asseoir sur le banc rouge. La roue se met alors en marche. Lentement, vous vous élevez avec la gondole. Vous vous rapprochez de plus en plus du ciel sombre, d'où les étoiles et la pleine lune vous éclairent.

De tout en haut, vous avez une vue d'ensemble de toute la fête foraine et des nombreuses lumières qui en émanent. Loin derrière, vous apercevez les lumières d'une ville et des voitures qui circulent dans les rues. Une rivière coule non loin de la fête foraine. La lune s'y reflète. Ici, l'air est clair et agréablement frais. Il y a un vent tiède qui passe dans vos cheveux. La musique de la fête foraine s'atténue à mesure que la roue vous porte plus haut.

Au point le plus haut, vous tendez le bras vers la lune et vous avez l'impression de pouvoir la toucher si vous vous élevez encore un peu. Puis la nacelle redescend et vous ressentez des fourmillements dans le ventre. Quelle sensation amusante ! Vous voulez recommencer.
Un autre tour commence. Une fois de plus, lorsque vous arrivez tout en haut et que vous avez

l'impression de pouvoir toucher la lune, la nacelle redescend. Une fois de plus, vous avez des frissons dans le ventre. Lorsque vous arrivez en bas, la roue s'arrête et vous descendez.

"C'était amusant ! Qu'est-ce qu'on fait ensuite ?", demande Berry en vous regardant avec impatience. Vous regardez autour de vous dans la fête foraine. La grande roue et l'odeur des bonbons vous ont donné faim. Quelques mètres plus loin se trouve un stand avec une enseigne lumineuse représentant une barbe à papa. Vous vous en approchez. Une longue guirlande lumineuse, composée de grosses ampoules, orne la cabane en bois. Les sucreries les plus appétissantes sont disposées dans une étagère en verre. De longs serpentins en caoutchouc, des biscuits au chocolat, des cœurs en pain d'épice, des anneaux de pomme, des amandes grillées et des barbes à papa de toutes les couleurs.

Vous prenez chacun un des sacs blancs qui se trouvent à côté de la tablette et vous vous servez dans l'abondante sélection. Dans l'autre main, vous prenez chacun une barbe à papa. Berry choisit une barbe à papa de couleur verte et vous choisissez une barbe à papa de votre couleur préférée. Ensuite, vous vous asseyez sur le banc en face de l'auto-tamponneuse.

Vous prenez une grande bouchée de la barbe à papa duveteuse qui se dissout dans votre bouche. Mmm, comme elle est douce et délicieuse ! Vous en avez l'eau à la bouche.

"C'est encore plus délicieux que le miel", marmonne Berry entre deux bouchées de sa barbe à papa.

"Mais il ne faut pas trop en manger, sinon on va avoir mal aux dents", expliquez vous au petit ours en prenant une autre bouchée. Vous appréciez la douceur dans votre bouche et le fait que vous ayez toute la fête foraine pour vous tout seul. Vous ne devez faire la queue nulle part et tout ici est installé pour vous. Les lumières colorées sont toujours aussi vives et clignotent sans cesse au rythme de la musique.

Après avoir pris tous les deux la dernière bouchée de votre barbe à papa, vous jetez les tiges de bois à côté de vous dans la poubelle en acier.

Maintenant, direction les auto-tamponneuses. Vous avez le libre choix de la voiture que vous voulez conduire parmi les nombreuses voitures colorées. Vous montez dans une bleue claire avec des bandes jaunes et un drapeau bleu. Berry choisit naturellement une voiture verte. C'est sa couleur préférée. Vous appuyez sur le bouton vert de démarrage sur le tableau de bord devant vous et la voiture démarre en trombe. Le vent souffle dans vos cheveux et les picotements de votre ventre sont de retour. Vous faites quelques tours sur la surface noire et adhérente qui grince bruyamment à chaque freinage. De temps en temps, l'un de vous percute l'autre, ce qui augmente encore les picotements dans votre ventre. Lorsque les voitures ralentissent et que le moteur faiblit, vous garez vos voitures là où vous êtes partis.

Pour terminer votre voyage, montez sur le manège à chaînes. Il s'agit de sièges en fer fixés à quatre chaînes. Vous vous installez côte à côte dans deux de ces sièges et vous vous attachez solidement à l'aide d'une chaîne. Berry vous regarde avec excitation, puis le manège démarre. En quelques secondes, le manège prend une telle vitesse que vous vous envolez loin au-dessus du sol. Vous continuez à tourner en rond. Vos jambes sont suspendues dans les airs et le vent siffle à vos oreilles. Même d'ici, vous pouvez voir la rivière, la ville et les rues. Vous devez regarder vite pour tout voir à cette vitesse. Les lumières de la ville ont diminué. Vous ne voyez plus que quelques fenêtres d'où jaillit la lumière. Il y a aussi beaucoup moins de voitures dans les rues que tout à l'heure. Seule la lune continue d'éclairer la rivière et de s'y refléter, comme elle l'a fait il y a un instant. Une fois de plus, l'air frais vous envahit les narines. En dehors de l'agitation, tout est paisible et silencieux. Vous appréciez beaucoup le temps passé ici. C'est amusant d'aller sur tous ces manèges avec Berry. Vous vous sentez heureux et satisfait.

Le manège à chaîne ralentit et vous vous rapprochez de la terre ferme. Vous attendez patiemment qu'il s'arrête en toute sécurité et que vos sièges ne tremblent plus, puis vous descendez.

"Je pense que c'est assez pour aujourd'hui, non ?", demande Berry en bâillant brièvement une fois.

Vous faites un signe de tête. "Oui, ça suffit pour aujourd'hui".

Satisfait, vous regardez encore une fois autour de vous et respirez une dernière fois le doux parfum. La musique autour de vous s'atténue de plus en plus. Les manèges s'assombrissent les uns après les autres.

Lentement, vous devriez prendre le chemin de la maison. Vous vous sentez fatigué, mais heureux de tout ce que vous avez vécu aujourd'hui. Demain, vous vous dites que vous et Berry allez vous lancer dans une autre des nombreuses aventures qui vous attendent.

Le feu de camp

Mettez-vous à l'aise. Vous pouvez fermer les yeux si vous le souhaitez. Pouvez-vous sentir le matelas moelleux sous vous ? Placez vos bras le long de votre corps, vos épaules sont détendues. Concentrez-vous sur votre respiration et sur la façon dont votre poitrine se soulève et s'abaisse. Inspirez et expirez calmement. Sentez le calme qui vous entoure.

Vous sentez que vous avez chaud ? Inspirez et expirez.
Remarquez-vous que vos bras deviennent plus lourds ? Inspirez et expirez.

Remarquez-vous que vos jambes deviennent également plus lourdes ? Inspirez et expirez.

C'est en toute décontraction que vous commencez votre voyage. Calme et détendu. Inspirez et expirez.

Berry, le petit ours brun au miel, vous emmène en voyage. Vous êtes de retour au royaume des oursons à miel. Les arbres qui vous entourent sont encore plus grands et plus verts que dans vos souvenirs. Les abeilles sont de nouveau au travail et virevoltent d'une fleur à l'autre. Par un trou dans la grande haie, vous distinguez les huttes en terre battue sur le sol de la forêt et les petites huttes au sommet des arbres. Vous vous glissez par le trou. Tout sent si bon le miel que vous en avez l'eau à la bouche. Berry trottine derrière vous en fredonnant joyeusement.

"Alors, vous deux ? Vous êtes rentrés de vos voyages ?" L'ours le plus âgé sort de sa tanière obscure et s'approche de vous en souriant avec satisfaction.

"Oui, nous le sommes", répond le petit ours brun à côté de vous. "C'était vraiment la folie ! On a vu tellement de choses géniales". Vous acquiescez et vos yeux s'illuminent au souvenir de vos excursions.

"Venez, asseyons-nous là-bas, près du feu de camp. Ensuite, vous me raconterez tout", dit l'aîné en désignant un grand feu en dessous d'un vieux chêne. Vous vous asseyez sur l'un des troncs d'arbres placés devant le feu de camp. Berry prend place à côté de vous. Le grand ours noir s'assoit en face de vous.

"Voulez-vous une tasse de lait avec du miel ?", demande-t-il en remuant un grand chaudron d'argent suspendu au-dessus du feu.

"Oui, volontiers", répondez-vous avec joie et Berry acquiesce-t-il aussi.

L'aîné puise le lait dans le chaudron à l'aide d'une louche noire et en remplit trois grands gobelets, également en argent, et vous en tend un à chaque fois.

"Alors, racontez-moi. Qu'avez-vous vécu de beau ?", demande-t-il en tenant son gobelet d'argent devant son museau avec ses deux pattes pour en boire une gorgée.

Berry prend une grande inspiration. "Nous sommes allés voir les dinosaures !", s'exclame-t-il. "Et nous avons fait un bonhomme de neige".

"Vous avez fait un bonhomme de neige chez les dinosaures ?", demande l'ours noir, surpris et légèrement confus.

"Non, non. Dans une grande prairie enneigée", explique Berry. "Alors, où étions-nous encore ?", il vous regarde d'un air interrogateur.

"Dans une prairie d'été. Berry nous a rétrécis. Nous étions aussi petits qu'un insecte. C'était excitant ! En plus, nous avons volé. La nuit, par exemple. Au-dessus des toits de ma ville", expliquez-vous en sirotant un lait chaud et délicieux. C'est de loin le lait le plus délicieux que vous ayez jamais bu.

"Wow, ça a l'air vraiment excitant", se réjouit l'aîné. "Avez-vous compris la magie de l'amulette maintenant ?"

Vous réfléchissez un instant. Votre regard s'attarde sur le feu qui dégage une agréable chaleur qui vous entoure. "Je pense que oui", répondez-vous finalement. "J'ai juste dû me concentrer sur ma respiration et ça a fonctionné tout seul".

Le grand ours acquiesce. "C'est dans le calme que réside la force".

"Pourquoi cette amulette existe-t-elle d'ailleurs ?",
demande Berry avec curiosité.

"On ne te l'a jamais dit ?", il regarde le petit
ours brun avec de grands yeux et celui-ci secoue
la tête. "Eh bien, il est temps". L'aîné se redresse et
prend une grande inspiration. "Il y a de très
nombreuses années, à l'époque où l'on se battait
encore avec des épées et des boucliers, les ours à
miel et les hommes vivaient en paix, en harmonie.
Nous aidions les gens à traverser les périodes de
sécheresse grâce à notre magie pour protéger leurs
récoltes et nous réchauffions leurs maisons avec
nos énergies. En échange, nous avons obtenu le
pouvoir sur les forêts du pays. À un moment
donné, les gens sont devenus avides. Les prairies
et les champs ne leur suffisaient plus. Ils voulaient
le bois de nos arbres pour être moins dépendants
de nous et chauffer leurs maisons de manière
autonome. Ils ont presque entièrement abattu nos
forêts, nous privant ainsi de notre plus grande
source de magie : la nature. Mon père, le plus
vieux et le plus fort des ours à miel, était le seul de
son espèce à pouvoir pratiquer la magie de
manière autonome, sans l'aide de la nature. Avec
la force de tous les oursons du royaume, il a réussi

à construire le dôme sous lequel nous nous trouvons actuellement. Qu'aucun humain ne parvienne jamais à franchir cette barrière. Après cet exploit épuisant, il a transféré le reste de sa magie sur quatre amulettes. Vous en portez une sur vous", il désigne la chaîne autour de votre cou. "Ces amulettes sont le seul moyen d'entrer dans le dôme magique en tant qu'humain".

"Mais pourquoi puis-je utiliser la magie de l'amulette ?", demandez-vous avec curiosité. "Je suis un humain, pas un ours en peluche".

"La légende dit que seuls ceux qui ont un cœur pur et suffisamment d'imagination peuvent le diriger. Jusqu'à présent, j'ai toujours pensé que cela ne s'appliquait qu'aux ours à miel. Apparemment, je me suis trompé".

"Tant mieux pour nous !", s'exclame Berry avec joie. "Sans vous et l'amulette, je n'aurais jamais vécu toutes ces aventures".

"Tu as raison, petit ours", sourit l'aîné. "De nombreux voyages grandioses vous attendent. Il vous suffit d'avoir assez d'imagination pour les entreprendre", vous fait-il un clin d'œil.

Vous restez assis ensemble un moment. Le feu de camp devant vous crépite tranquillement. De temps en temps, une étincelle jaillit à vos pieds et se consume sur le sol froid de la forêt. Le gobelet que vous tenez à la main est encore chaud. Autour de vous, les autres ours à miel s'agitent dans tous les sens. Ils préparent déjà leurs huttes et leurs cabanes dans les arbres pour la nuit.

Lentement, vous devriez prendre le chemin de la maison. Vous vous sentez fatigué, mais heureux de tout ce que vous avez vécu aujourd'hui. Aujourd'hui, vous allez bien dormir, car vous savez que vous pourrez toujours revenir ici ou partir avec Berry pour d'autres voyages passionnants, si vous le souhaitez.